à joindre

# EAUX-FORTES

POUR

ILLUSTRER LES ŒUVRES DE

# Alfred de Musset

DESSINS

## DE HENRI PILLE

GRAVÉS

Par LOUIS MONZIÈS

PREMIÈRE SÉRIE

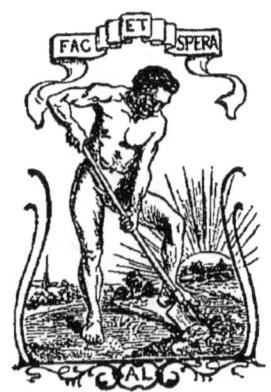

PARIS

ALPHONSE LEMERRE, ÉDITEUR

27-31, PASSAGE CHOISEUL, 27-31

—

M DCCC LXXVIII

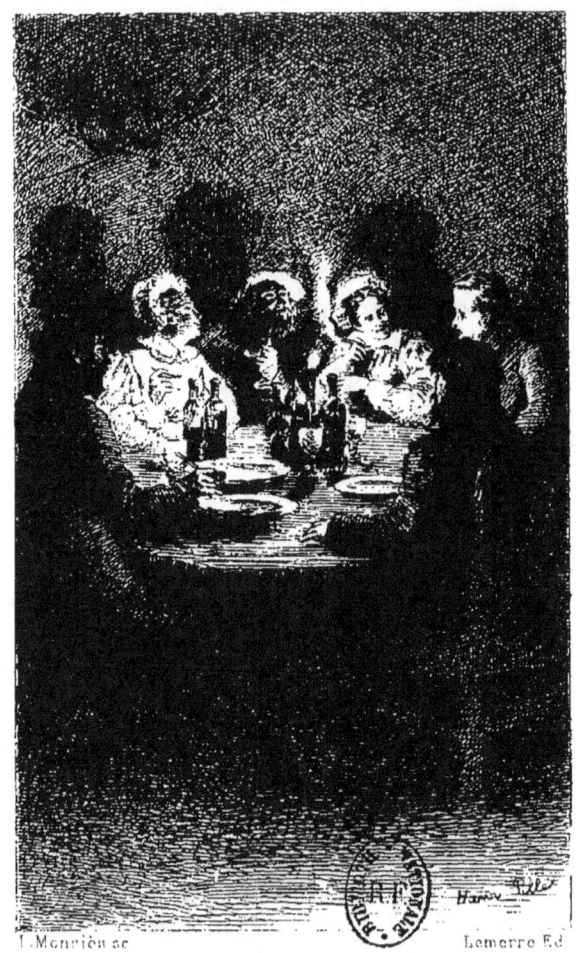

MIMI PINSON

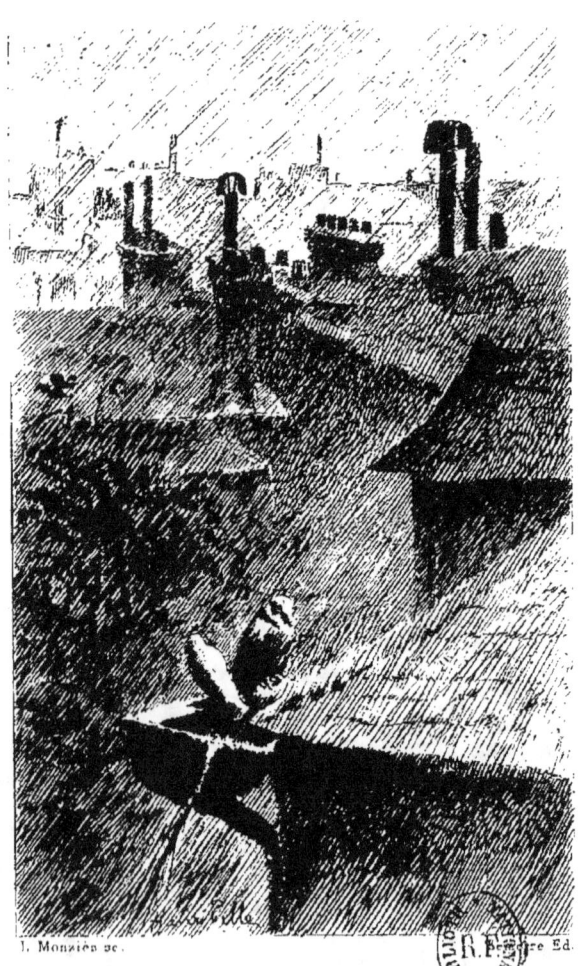

LE MERLE BLANC

Imp A Salmon

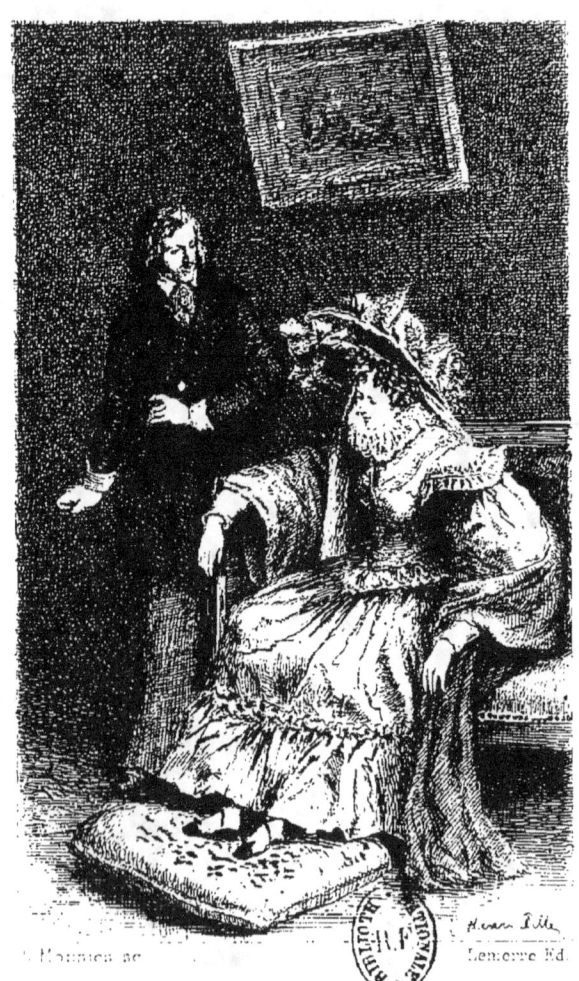

LES DEUX MAITRESSES

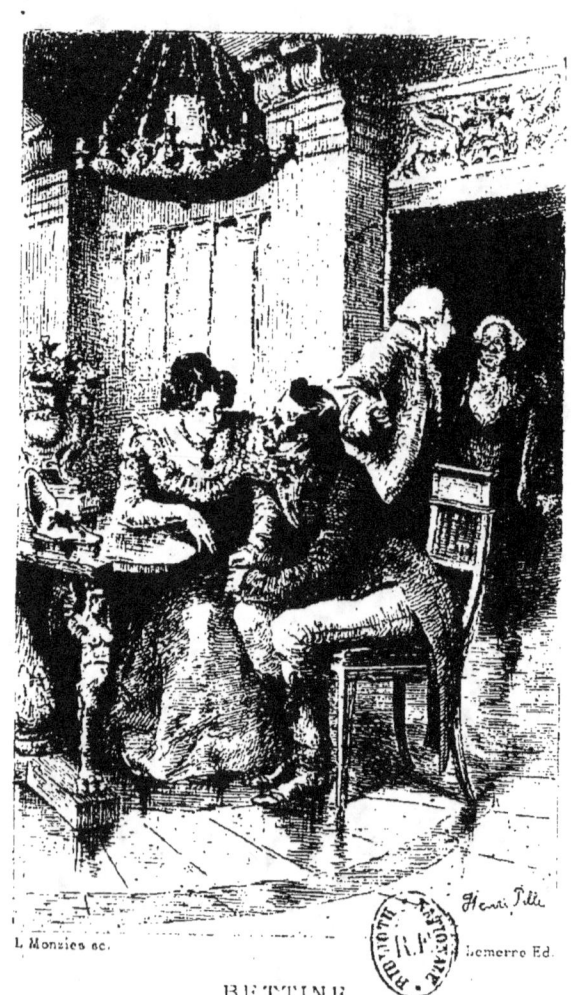

BETTINE

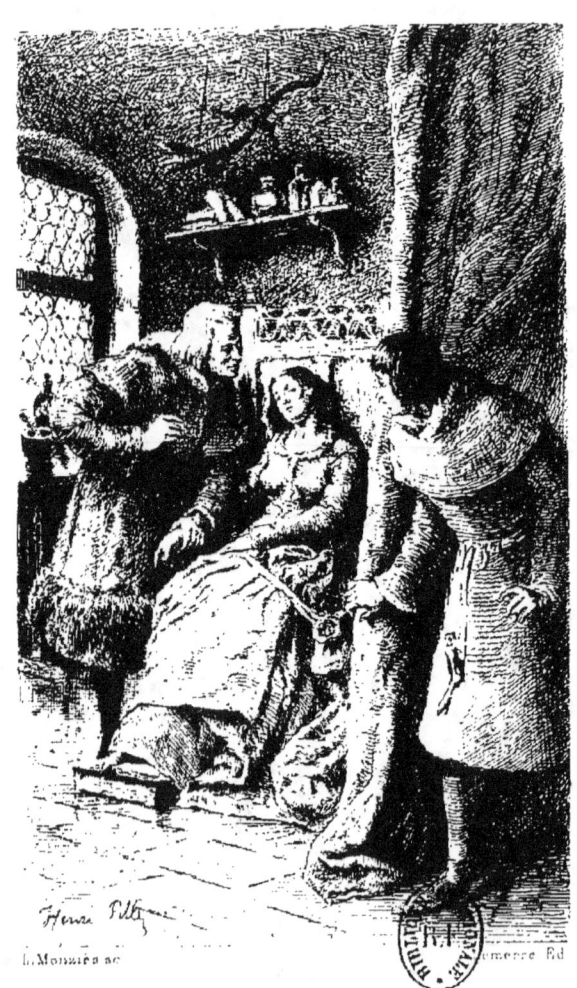

CARMOSINE

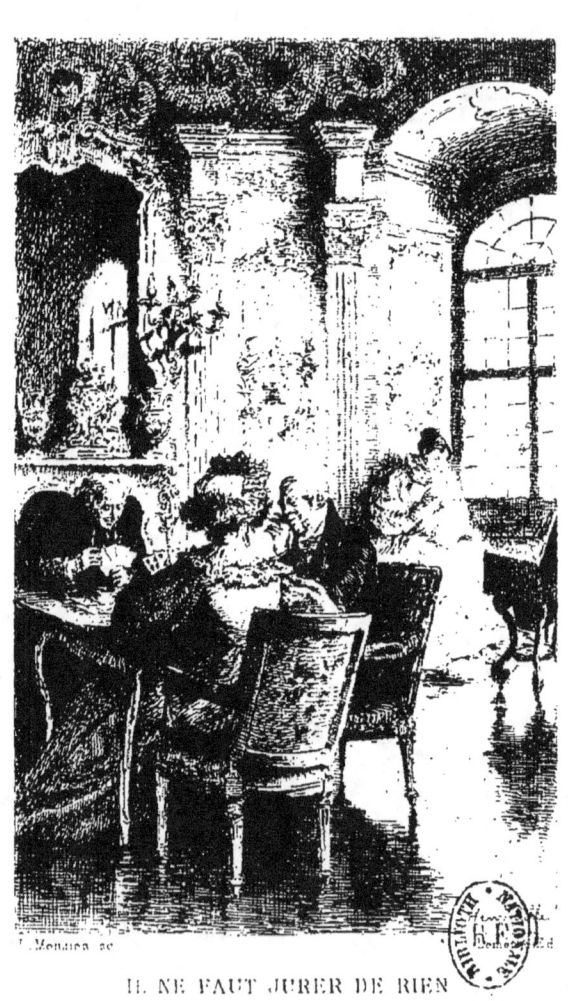

IL NE FAUT JURER DE RIEN

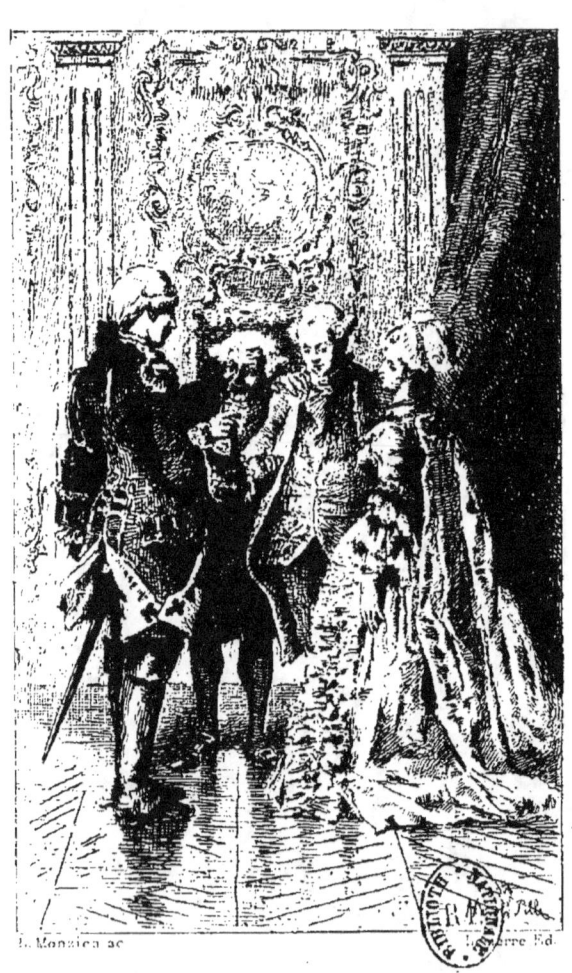

LE CHANDELIER

Imp. A Salmon

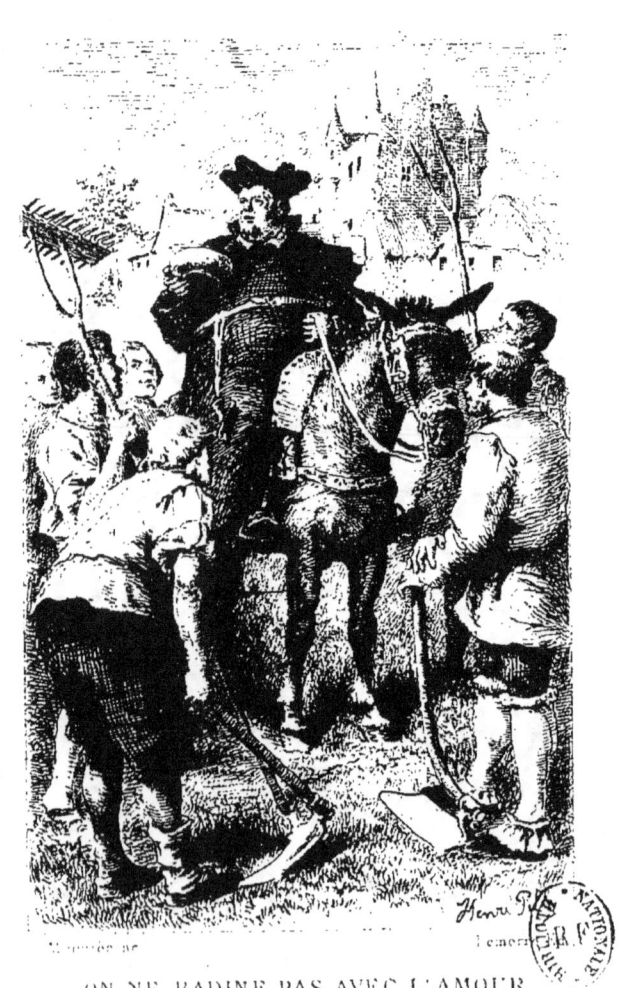

ON NE BADINE PAS AVEC L'AMOUR

par A. Salmon

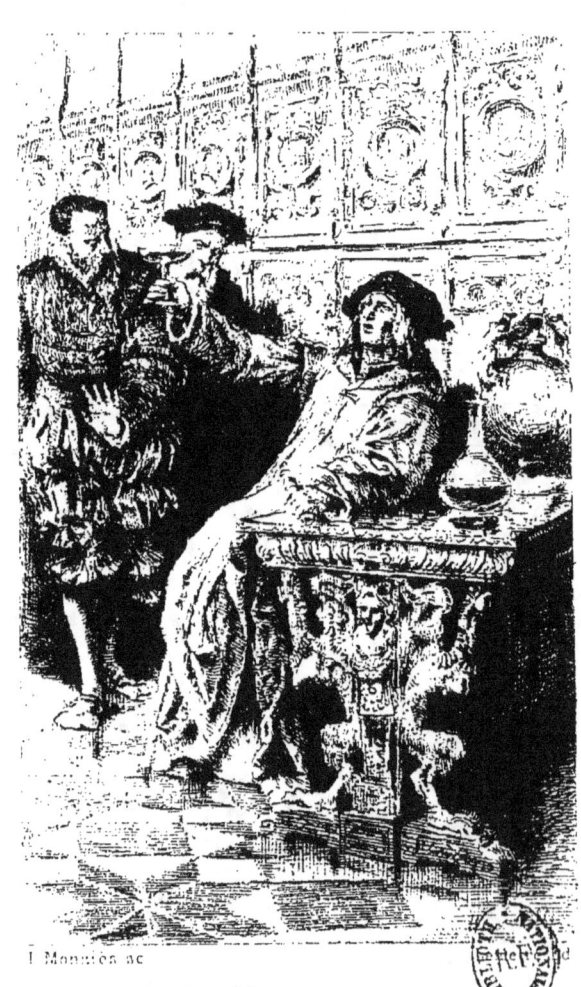

ANDRÉ DEL SARTO

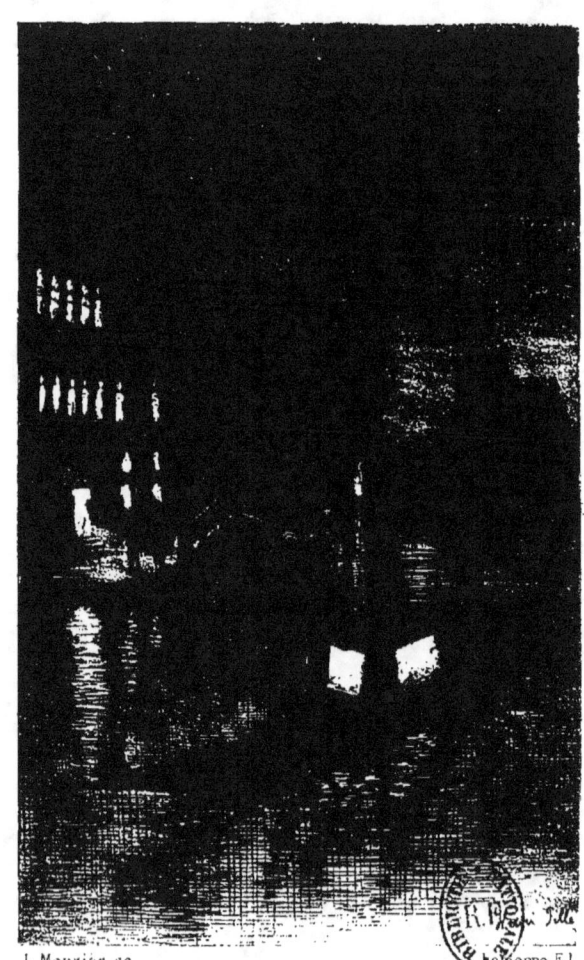

LA NUIT VÉNITIENNE

# EN VENTE A LA MÊME LIBRAIRIE

BARBEY D'AUREVILLY. — 7 eaux-fortes composées et gravées par FÉLIX
BUHOT pour illustrer *l'Ensorcelée*. . . . . . . . . . . . . . . . . 10 fr.
* *Chine, hollande et Whatman, avant lettre*. . . . . . . . . . . . 20 »

BOILEAU. — 7 eaux-fortes d'après COCHIN, gravées par MONZIÈS et COURTRY 10 »
* *Chine et grand hollande, avant lettre*. . . . . . . . . . . . . . 25 »

DAPHNIS ET CHLOÉ. — 6 eaux-fortes d'après les dessins de PRUD'HON,
gravées par BOILVIN. . . . . . . . . . . . . . . . . . . . . . . 10 »
* *Chine, avant lettre*. . . . . . . . . . . . . . . . . . . . . . . 25 »

GUSTAVE FLAUBERT. — 7 eaux-fortes composées et gravées par BOILVIN
pour illustrer *Madame Bovary*. . . . . . . . . . . . . . . . . . 12 »
* *Chine et hollande avant lettre*. . . . . . . . . . . . . . . . . . 40 »

LA FONTAINE. — 72 eaux-fortes d'après OUDRY, pour illustrer les *Fables*,
gravées par COURTRY, GREUX, LEMAIRE, LERAT, MARTINEZ, MONGIN,
MONZIÈS, ROUSSELLE. . . . . . . . . . . . . . . . . . . . . . . 60 »
* *Chine, Whatman et grand hollande, avant lettre*. . . . . . . . . 100 »

LA FONTAINE. — 40 eaux-fortes d'après FRAGONARD, LANCRET, etc.,
pour illustrer les *Contes*. . . . . . . . . . . . . . . . . . . . . 40 »
* *Chine et grand hollande, avant lettre* . . . . . . . . . . . . . . 80 »

LE SAGE. — 16 eaux-fortes composées par HENRI PILLE et gravées par
* LOUIS MONZIÈS pour illustrer *Gil Blas*. . . . . . . . . . . . . 25 »
* *Chine, grand hollande et Whatman, avant lettre* . . . . . . . . 40 »

XAVIER DE MAISTRE. — 8 eaux-fortes gravées par F. DUPONT . . . . 12 »
* *Chine, Whatman et hollande, avant lettre*. . . . . . . . . . . . 20 »

MANON LESCAUT. — 9 eaux-fortes d'après PASQUIER & GRAVELOT,
gravées par LOUIS MONZIÈS. . . . . . . . . . . . . . . . . . . . 12 »
* *Chine, hollande et Whatman, avant lettre* . . . . . . . . . . . . 20 »

MOLIÈRE. — 35 eaux-fortes d'après BOUCHER, gravées par BOILVIN,
COURTRY, RAJON, GAUCHEREL, MILIUS, MASSARD, GREUX, MONGIN,
LERAT, MARTINEZ. Petit in-12. . . . . . . . . . . . . . . . . . 30 »
    Format in-8°. . . . . . . . . . . . . . . . . . . . . . . . . . 40 »
* *Chine, hollande et Whatman, avant lettre*. . . . . . . . . . . . 100 »

* RABELAIS. — 16 eaux-fortes composées et gravées par BRACQUEMOND. 20 »
* *Grand hollande*. . . . . . . . . . . . . . . . . . . . . . . . . . 30 »
* *Whatman et chine* . . . . . . . . . . . . . . . . . . . . . . . . 50 »

RACINE. — 13 eaux-fortes d'après GRAVELOT, gravées par MONZIÈS,
MARTINEZ et LEMAIRE . . . . . . . . . . . . . . . . . . . . . . 15 »
* *Chine et hollande, avant lettre* . . . . . . . . . . . . . . . . . 25 »

VOLTAIRE. — 21 eaux-fortes d'après MONNET et MARILLIER, gravées par
LOUIS MONZIÈS pour illustrer les *Romans* . . . . . . . . . . . 25 »
* *Chine, hollande et Whatman, avant lettre*. . . . . . . . . . . . 40 »

Il a été fait de ces gravures un tirage de dix épreuves avec marque,
& quelques collections à la sanguine.

---

PORTRAITS GRAVÉS A L'EAU-FORTE DE : Ch. Asselineau, Barbey d'Aurevilly, Th. de Banville (*2 portraits*), Baudelaire (*5 portraits*), Beaumarchais, du Bellay, Bernardin de Saint-Pierre, Boileau, Brizeux, Chateaubriand, André Chénier, Coppée, Courier, Dante, Delvau, Dorat, A. Dumas, Théophile Gautier, Glatigny, Edmond de Goncourt, Jules de Goncourt, Gozlan, Victor Hugo (*6 portraits*), Jodelle, Jean le Houx, La Bruyère, La Fontaine, Leconte de Lisle, André Lemoyne, X. de Maistre, Molière (*2 portraits*), Alfred de Musset (*5 portraits*), Pascal, Pontus de Tyard, Rabelais, Henri Regnault, Sainte-Beuve, Shakespeare, Soulary, Sully Prudhomme, Voltaire (*2 portraits*).

Chaque portrait, sur chine . . . . . . . . . . . . . . . . . . . . . . . . 2 fr.

www.ingramcontent.com/pod-product-compliance
Lightning Source LLC
Chambersburg PA
CBHW030111230526
45471CB00003B/1360